POR QUÉ OCURREN LAS GUERRAS

¿QUÉ CAUSÓ LA GUERRA DE SECESIÓN?

ROBYN HARDYMAN
TRADUCIDO POR CECILIA GONZÁLEZ GODINO

Gareth Stevens PUBLISHING

Please visit our website, www.garethstevens.com.
For a free color catalog of all our high-quality books,
call toll free 1-800-542-2595 or fax 1-877-542-2596.

ISBN 9781538254653 (pbk.)
ISBN 9781538254660 (eBook)

First Edition

Published in 2020 by
Gareth Stevens Publishing
111 East 14th Street, Suite 349
New York, NY 10003

Translator: Cecilia González Godino
Produced by Calcium
Editors: Sarah Eason and Harriet McGregor
Designer: Simon Borrough
Picture researcher: Rachel Blount

Picture credits: Cover: Getty: John Parrot/Stocktrek Images (painting), Shutterstock: kasha_malasha (bkgrd). Inside: Library of Congress: 17, Leffler, Warren K 44, Lindsley, H. B 15, Rees Print & Litho. Company 29; Shutterstock: Everett Historical 5, 6, 7, 9, 11, 12, 13, 14, 20, 21, 28, 30, 31, 33, 35, 36, 39, 41, 43, Everett Historical/portrait by Alexander Gardner 23, Everett Historical/Andrew J. Russell 19, Jiri Flogel 26, Rainer Lesniewski 24, Anne Power 8.

Printed in the United States of America
CPSIA compliance information: Batch #CG19WL: For further information contact Gareth Stevens, New York, New York at 1-800-542-2595.

CONTENIDO

Las palabras del glosario se muestran en **negrita** la primera vez que aparecen en el texto.

CAPÍTULO 1

LA GUERRA DE SECESIÓN

La guerra de Secesión o Guerra Civil en Estados Unidos tuvo lugar entre los años 1861 y 1865. A veces se la llama "la guerra entre los estados" porque pelearon 11 estados del sur del país contra los estados del norte. Una **guerra civil** es aquella que incluye dos bandos de un mismo país, en lugar de dos países diferentes.

Los estados del sur querían separarse de Estados Unidos de América. Estos formaron su propio grupo llamado los Estados Confederados de América y querían ser un país independiente. No querían que el Gobierno de Estados Unidos les dijera qué hacer o que creara leyes con las que no estuvieran de acuerdo. Eligieron a Jefferson Davis (1808-1889) como su presidente. El Gobierno de Estados Unidos y los estados que permanecieron leales a él se llamaron la Unión.

Había muchas causas de la guerra, pero todas eran el resultado de las diferencias entre los estados del sur y del norte. Los dos grupos tenían formas de vida, tradiciones, economías y culturas diferentes. La forma en que Estados Unidos estaba gobernado generaba estas diferencias que causaban problemas. Desde que la **Constitución de Estados Unidos** entró en vigor por primera vez en 1789, ha habido argumentos sobre cuánto poder deberían tener los estados y cuánto debería controlar el Gobierno federal central. En la década de 1850, los estados del sur pensaban que el Gobierno federal les estaba quitando varios de sus poderes.

Un regimiento de la Unión formado por soldados negros luchó con valentía en el ataque al fuerte Wagner en 1863.

La guerra de Secesión fue larga y terrible. Ha sido la guerra más sangrienta de la historia de Estados Unidos. Alrededor de 650 000 personas murieron, alrededor de 210 000 eran soldados. En esos días, la medicina era muy precaria, por lo que más de la mitad de las muertes durante la guerra fueron resultado de enfermedades.

UNA LUCHA DESIGUAL

El ejército de la Unión era casi el doble de grande que el Ejército Confederado. La Unión contaba con poco más de 2 millones de soldados, mientras que los confederados tenían poco más de 1 millón. Un tercio de todos los hombres blancos del Sur, de entre 18 y 40 años de edad, murieron en la guerra.

NORTE Y SUR

A mediados del siglo XIX, la vida en los estados del Sur era distinta de la vida en los estados del Norte. La gente se ganaba la vida de diferentes maneras y también diferían en cuanto a sus ideas sobre política y las libertades personales.

En el Sur, la **economía** se basaba en la **agricultura**. Cultivos importantes como el tabaco, la caña de azúcar y el algodón crecieron bien en el cálido clima de la zona. Los cultuvos generaron riqueza para los agricultores de estos estados. Las pequeñas granjas eran administradas por las mismas familias que trabajaban la tierra. Las granjas más grandes se llamaban **plantaciones** y la mano de obra se componía generalmente de **esclavos**. Estos eran trabajadores que fueron comprados por los dueños de las plantaciones. No eran libres de abandonar las plantaciones y tenían que trabajar de acuerdo con las normas de sus propietarios. Los esclavos eran descendientes de hombres y mujeres que habían sido enviados desde África Occidental por comerciantes que los vendían en los mercados a los terratenientes.

Se enviaban fardos de algodón del sur al norte del país y a países de ultramar.

George Washington (1732-1799), el primer presidente de Estados Unidos, poseía una plantación y tenía esclavos en su propiedad.

En el Norte, el clima no era propicio para el cultivo de algodón y tabaco. Allí tenían **recursos** naturales, como el carbón, y durante el siglo XIX comenzaron a desarrollarse nuevas industrias, como la minería del carbón y la fabricación de acero. Se construyeron fábricas y los trabajadores se trasladaron a las ciudades para trabajar en ellas. Las ciudades crecieron rápidamente hasta convertirse en centros urbanos. Los trabajadores eran libres y se les pagaba un salario. Muchos de los trabajos peor pagados fueron realizados por **inmigrantes** europeos recién llegados a Estados Unidos. Se crearon nuevos puestos de trabajo, en áreas como transporte, salud, derecho y construcción, para mantener en funcionamiento las nuevas ciudades. Había más escuelas en el Norte que en el Sur y sus niveles de educación eran más altos.

LA VIDA DE LA CIUDAD

En 1860, un cuarto de las personas del Norte vivían en las grandes ciudades. El auge en la producción se vio muy influenciado por la red de transportes, sobre todo el ferroviario. Las materias primas y los bienes producidos se transportaban fácilmente por el Norte.

PLANTACIÓN O CIUDAD

La vida en una plantación del Sur era muy diferente a la vida en una ciudad del Norte. Para los esclavos era un trabajo duro e interminable, mientras que los dueños y administradores blancos vivían con gran comodidad. En el Norte, la gente habitaba en casas más pequeñas y tenía diferentes trabajos.

Después de 1800, las plantaciones de algodón se extendieron por el Sur. Otro cultivo importante era la caña de azúcar. La sociedad sureña tenía claras divisiones de clase. En la cima había unos pocos afortunados: los grandes terratenientes, quienes se enriquecieron con sus cosechas y construyeron grandes casas para sí mismos. A menudo construían con el estilo de su patria original, como en el estilo colonial inglés o español. La mayoría eran granjeros y vivían modestamente. Eran dueños de su propia tierra y la trabajaban ellos mismos.

Había pocas ciudades en el Sur y la red de carreteras era pobre. No había muchas escuelas y los niños recibían poca educación. Cerca de la mitad de la población del Sur eran esclavos. En 1860, había unos 4 millones.

Los propietarios más ricos del Sur construían grandes mansiones como esta.

Las cinco generaciones de esta familia esclava nacieron en la misma plantación de Carolina del Sur. En ese tiempo era raro que las familias permanecieran juntas de esta manera.

En las ciudades del Norte, incluso los más pobres eran libres. Podían trabajar por un salario y moverse libremente de un lugar a otro. Sin embargo, las condiciones de vida no siempre eran buenas, ya que las ciudades crecían rápidamente y no se había creado todavía la necesaria infraestructura de servicios públicos. El acceso a la educación era mejor en las ciudades, por lo que la gente podía aprender y encontrar mejores trabajos; tenían la oportunidad de mejorar su nivel de vida si trabajaban duro. Había un número creciente de puestos de trabajo en el comercio y las empresas.

INMIGRACIÓN DESDE IRLANDA

Una gran hambruna en Irlanda entre los años 1845-1850 hizo que muchos irlandeses dejaran su patria y viajaran a Estados Unidos en busca de una vida mejor. En 1850, una cuarta parte de las personas que vivían en la ciudad de Nueva York, por ejemplo, eran irlandesas. Era la ciudad más grande del país.

CAPÍTULO 2

LA ESCLAVITUD

A mediados del siglo XIX, Estados Unidos era independiente desde hacía solo cien años. El país estaba creciendo rápidamente, expandiéndose hacia el oeste, y la gente a veces no estaba de acuerdo con la forma de gobierno. Una de las cuestiones más importantes era la esclavitud.

Para 1860, había 4 millones de esclavos en el Sur, y esto era casi el mismo tamaño que la población blanca. Cerca del 60 % de ellos trabajaban en las plantaciones cultivando algodón. El otro cultivo principal en el Sur era la caña de azúcar. El trabajo en este cultivo era el más duro de todos. Los esclavos trabajaban en grupos; incluso los niños y los ancianos debían trabajar. La cosecha de azúcar tomaba seis meses y era un trabajo muy duro y desagradable.

Los esclavos hicieron gran variedad de trabajos en la plantación, la mayoría en el campo, realizando el trabajo más agotador. A los trabajadores más experimentados se les permitió tomar decisiones sobre la cosecha, como cuándo recogerla y cómo empacarla y transportarla. Otros tenían habilidades particulares, como los albañiles, carpinteros y metalúrgicos, y las plantaciones lo necesitaban. Las mujeres a menudo trabajaban como enfermeras, cocineras y costureras. Dentro de las casas de los propietarios y administradores, había muchos esclavos domésticos que servían a la familia.

La mayoría de los esclavos vivían en malas condiciones, en pequeñas casas cerca de los campos. Los esclavos domésticos vivían en la casa principal, en pequeñas habitaciones encima de la cocina o en los establos. Todos los esclavos podían ser comprados o vendidos en cualquier momento, incluso las familias se separaban. A menudo se vendía a los niños, tan pronto como tenían edad para trabajar, y nunca volvían a ver a sus padres.

COMPRAR Y VENDER

Los esclavos se compraban y vendían en los mercados, al igual que otras mercancías. Los traficantes de esclavos se establecieron en el Sur. Esta imagen muestra las instalaciones de un comerciante de esclavos, con el corral a la derecha. Esclavos como esta mujer fueron retenidos allí mientras esperaban ser vendidos a un nuevo dueño.

LA HISTORIA DE LA ESCLAVITUD

Los estados del Sur tenían esclavos desde finales del siglo XVII. A medida que crecía la necesidad de mano de obra, se hizo más difícil y costoso encontrar a quienes hicieran los trabajos difíciles en los campos de algodón, tabaco y caña de azúcar. Cada vez más africanos fueron sacados de sus hogares en África Occidental, enviados al otro lado del Atlántico y vendidos como esclavos. A principios del siglo XVIII, las nuevas leyes establecieron los derechos de los dueños y el estatus de los esclavos.

La posesión de esclavos se convirtió en una señal de riqueza en el Sur, donde la economía agrícola dependía de ellos como mano de obra. En el Norte, sin embargo, la economía ya no dependía tanto de la agricultura y los esclavos no eran necesarios. La esclavitud había existido allí también, pero en la década de 1850 casi había desaparecido y algunos ciudadanos habían comenzado a oponerse. Estas personas eran conocidas como **abolicionistas**. Querían que la esclavitud fuera abolida, o declarada ilegal, en todo Estados Unidos.

Los esclavos eran comprados y vendidos en subastas como esta en Richmond, Virginia, en 1856.

Con el tiempo, la voz de los abolicionistas comenzó a ser escuchada. Esto hizo que los ciudadanos del Sur sintieran que su forma de vida estaba amenazada. Sin esclavos para hacer el trabajo en las plantaciones, su economía estaría en peligro. Comenzaron a argumentar que la esclavitud no solo era necesaria, sino también buena. Replicaban que daban cobijo y trabajo a personas que de otro modo no lo tendrían.

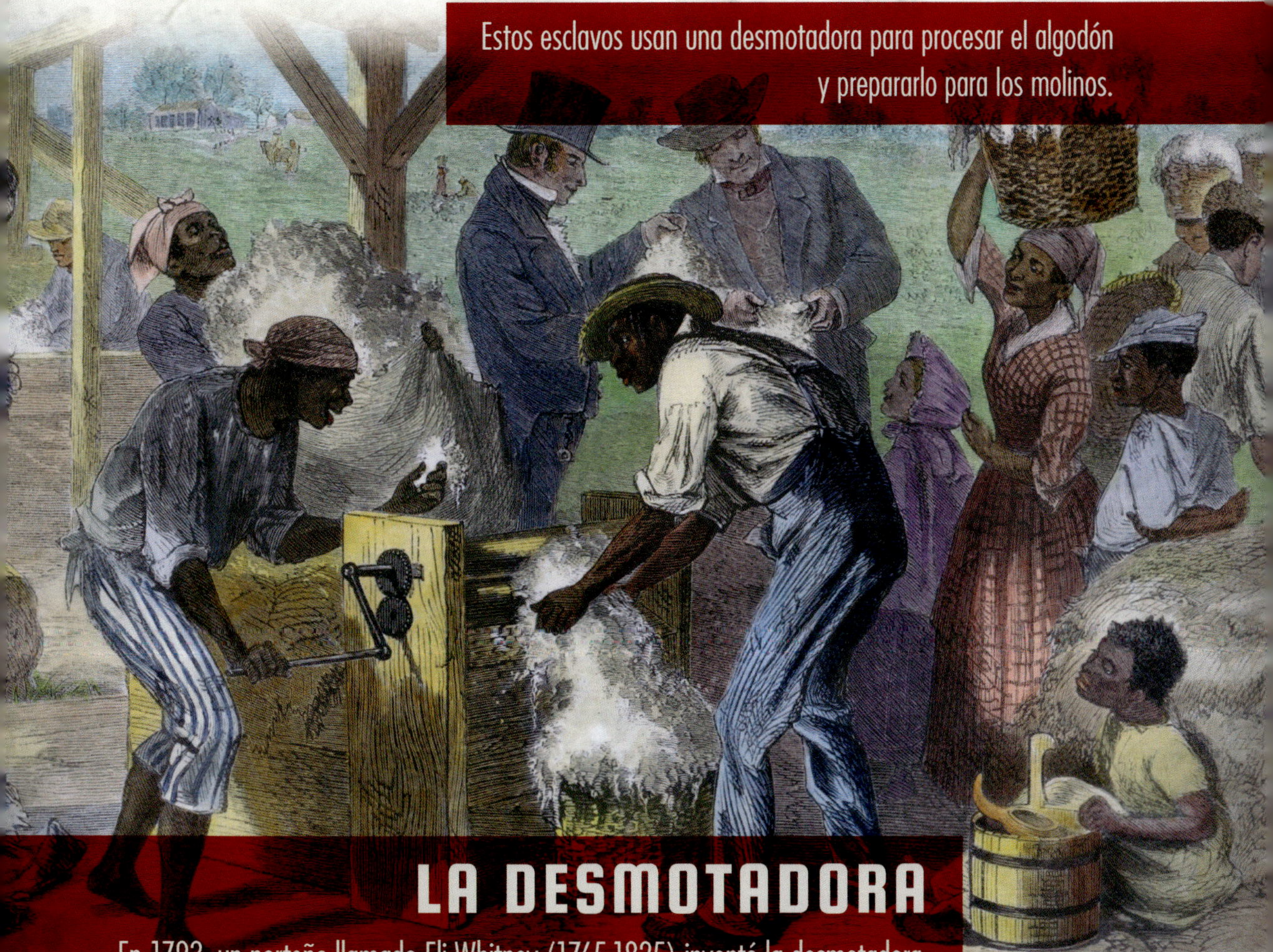

Estos esclavos usan una desmotadora para procesar el algodón y prepararlo para los molinos.

LA DESMOTADORA

En 1793, un norteño llamado Eli Whitney (1765-1825) inventó la desmotadora. Esta máquina hacía posible que los molinos textiles que elaboraban las telas usaran el cultivo de algodón que crecía en el Sur. El algodón se convirtió en el cultivo principal, y cada vez se necesitaban más esclavos.

EL FERROCARRIL SUBTERRÁNEO

A medida que crecía el abolicionismo en el Norte, los esclavos en el Sur comenzaron a tratar de escapar. Se dirigieron a los estados del Norte o a Canadá. Poco a poco, se desarrolló una red que ayudaba a los esclavos que escapaban a alcanzar la seguridad. Esto se llamó el Ferrocarril Subterráneo.

No era un ferrocarril y no estaba bajo tierra, pero se denominaba *subterráneo* porque era secreto y sus actividades se realizaban normalmente en la oscuridad. Se llamaba *ferrocarril* porque era una red de personas y lugares. Así, la metáfora del ferrocarril se extendió a todo: los ayudantes eran "conductores" y las personas que escapaban se llamaban "carga" o "paquetes", para mantener la actividad en secreto. Los ayudantes más activos en el Ferrocarril Subterráneo eran esclavos negros que ya habían escapado. Los abolicionistas y otros ciudadanos blancos también los ayudaron.

Esta ilustración muestra a esclavos fugitivos que llegan a Filadelfia.

Los estados del Sur estaban descontentos con el número de esclavos que escapaban y presionaron a los legisladores de Washington D. C. para detener esta situación. En septiembre de 1850, el Congreso aprobó una ley federal llamada Ley de Esclavos Fugitivos que requería que todos los esclavos fugados fueran devueltos a sus dueños, incluso si habían alcanzado estados libres. Existía, desde 1793, una ley similar, pero nunca se había aplicado con firmeza. Hubo una oposición generalizada a la nueva ley en el Norte, ya que obligaba a los ciudadanos a ayudar a capturar a los esclavos fugitivos. La resistencia creció y algunos estados, como Vermont y Wisconsin, aprobaron nuevas medidas para tratar de evitarla. El Ferrocarril Subterráneo se fortaleció aún más, y los activistas liberaron por la fuerza, o libertaron, a algunos esclavos recapturados.

La opinión pública del Norte se volvió decididamente en contra de la esclavitud. En 1852, Harriet Beecher Stowe (1811-1896) escribió una novela muy popular, *La cabaña del tío Tom*, en la que desafió el mito sureño de que los negros estaban felices de ser esclavos.

HARRIET TUBMAN

Harriet Tubman (1822-1913) era una negra que escapó de la esclavitud en Maryland en 1849, dejando atrás a su marido y su familia. Volvió al Sur en secreto al menos 19 veces para ayudar a más de 300 esclavos a escapar con el Ferrocarril Subterráneo.

LOS ABOLICIONISTAS

Después de la Ley del Esclavo Fugitivo de 1850, los abolicionistas aumentaron sus esfuerzos contra la esclavitud. Su objetivo era lograr el fin inmediato de la esclavitud, la **emancipación** de todos los esclavos y el fin de la **discriminación** racial. Había muchas personas cuyo trabajo fue clave para la causa.

Varias de estas personas eran exesclavos que habían escapado hacia la libertad. Uno de ellos fue Frederick Douglass (1818-1895). Era un esclavo fugitivo, pero también fue educado. Comenzó a hablar en reuniones públicas sobre la terrible experiencia de ser un esclavo. Sus discursos y sus escritos recibieron un amplio apoyo. Vivió durante la guerra de Secesión y luchó por los derechos de los soldados negros.

Sojourner Truth (1797-1883) fue otro esclavo liberado que hizo campaña para la abolición de la esclavitud en todo Estados Unidos. También defendió los derechos de las mujeres. Viajó por el país contándole a la gente sobre la vida de un esclavo, ayudándoles a entender que la esclavitud estaba mal y debía ser detenida.

No solo fueron los negros los que pidieron que se pusiera fin a la esclavitud. Los predicadores religiosos del Norte se pronunciaron apasionadamente en contra. En 1833, se formó la Sociedad Estadounidense contra la Esclavitud, muy activa en el Norte. La causa atrajo también a mujeres que relacionaron los derechos de los esclavos con los derechos de las mujeres. Entre los poderosos oradores que hablaron sobre el tema se encontraban Lucy Stone (1818-1893), Lucretia Mott (1793-1880) y Elizabeth Cady Stanton (1815-1902). Mott y Stanton lanzaron el movimiento por los derechos de las mujeres estadounidenses en 1848. Después de la guerra de Secesión, trabajaron para apoyar a los negros y a las mujeres, y lucharon por la igualdad de derechos.

Los abolicionistas también apoyaron la igualdad en la educación. En la educación superior, los abolicionistas habían fundado la Universidad de Oberlin, Ohio, en 1833, la primera mixta de razas y géneros de la nación. Su primer estudiante negro se graduó en 1844.

Frederick Douglass aconsejó al presidente Lincoln en el trato a los soldados negros.

FREDERICK DOUGLASS

Frederick Douglass escribió esta famosa cita sobre la esclavitud:

"Ningún hombre puede poner una cadena alrededor del tobillo de su prójimo sin encontrar por fin el otro extremo atado a su propio cuello".

CAPÍTULO 3

UN PAÍS EN CRECIMIENTO

Durante la primera mitad del siglo XIX, Estados Unidos creció rápidamente. Se expandió hacia el Oeste, ocupando nuevos territorios y creando nuevos estados. Esta expansión planteó la cuestión de si los nuevos estados permitirían la esclavitud o la harían ilegal. Por lo tanto, fue un factor importante en el estallido de la guerra de Secesión.

En 1803, el presidente de Estados Unidos compró el Territorio de Luisiana a Francia. Esta tierra al oeste del Misisipi casi duplicó el tamaño del país. Después de la guerra con México en la década de 1840, el país ganó una enorme área en el suroeste, incluyendo Texas y California, y el Territorio de Oregón, de Gran Bretaña. Los colonos se mudaron al Oeste para vivir en estos nuevos estados.

El Gobierno federal fue diseñado para representar a sus ciudadanos de manera justa. El número de escaños que cada estado tenía en la Cámara de Representantes dependía del tamaño de su población. A medida que se creaban nuevos estados, la gente temía que los que apoyaban la esclavitud o los que estaban en su contra tuvieran demasiado poder en el Gobierno. En 1820, el número de estados en los que la esclavitud era legal era el mismo que en los que no lo era. Para mantener este equilibrio, en 1820 se acordó el **Compromiso** de Misuri. Misuri podría unirse a Estados Unidos como estado esclavista si se le permitía a Maine unirse como un estado libre. Sin embargo, a medida que se añadían más estados a la Unión, solo era cuestión de tiempo antes de que la situación fuera crítica.

Pronto, cada nuevo estado se convirtió en un campo de batalla por el poder; el Norte quería que la esclavitud fuera ilegal y el Sur apoyaba la esclavitud. El Sur vio cómo se le escapaba el poder.

EL FERROCARRIL TRANSCONTINENTAL

A medida que el país se expandió, la población creció de 5.2 millones de personas en 1800 a 76.2 millones en 1900. El ferrocarril jugó un papel importante en la conexión de sus regiones a través de largas distancias. Las conversaciones sobre un ferrocarril transcontinental comenzaron en la década de 1830 y la construcción comenzó en 1860.

El nuevo ferrocarril creó un vínculo importante entre las regiones de Estados Unidos.

SANGRE EN KANSAS

El equilibrio de poder en los nuevos estados duró hasta 1854, cuando se aprobó la Ley de Kansas-Nebraska. Esta ley permitió que la gente de estos estados votara sobre si la esclavitud debía ser legal o no, y así reemplazó el Compromiso de Misuri.

La gente estaba profundamente dividida sobre este tema. A fines de 1855, se habían establecido gobiernos rivales en Kansas, uno respaldado por grupos a favor de la esclavitud y el otro por abolicionistas. Pronto estallaron los combates y se produjo un periodo de violencia que duró cinco años, hasta el comienzo de la guerra de Secesión. Este periodo se conoce como "Sangrado Kansas" (Bloody Kansas o Guerra de la frontera). Al final, los territorios acordaron constituciones que no permitían la esclavitud.

John Brown y sus tropas fueron atrapados por los marines en la casa de motores Harpers Ferry Armory.

John Brown

Un abolicionista activo durante esta lucha fue un hombre blanco, John Brown (1800-1859), quien trató de ayudar a los negros que habían escapado de la esclavitud, pero se sentía frustrado por la lentitud de los progresos.

No estaba en contra de usar la violencia para poner fin a una práctica tan malvada. En 1859, Brown elaboró un plan radical para armar a los esclavos en el Sur con el fin de que pudieran rebelarse contra sus amos. Para ello necesitaba armas, así que en octubre dirigió un pequeño grupo en una redada contra una armería federal, en Harpers Ferry, Virginia, donde había miles de armas. Al principio tuvieron éxito, pero pronto fueron rodeados por un grupo de marines. Brown fue hecho prisionero y en diciembre fue ahorcado por **traición**. Aunque no tuvo éxito, su historia se hizo famosa. Elevaba el perfil de los abolicionistas y hacía casi imposible el acuerdo entre el Norte y el Sur. Por lo tanto, fue un factor importante para contribuir al estallido de la guerra de Secesión.

LAS VÍCTIMAS DE KANSAS

Durante la guerra de Secesión, Kansas tuvo más **víctimas** que cualquier otro estado de la Unión, porque estaba muy dividido en cuanto a la esclavitud.

UN NUEVO PRESIDENTE

En noviembre de 1860, el país celebró elecciones para elegir un nuevo presidente. El ganador de las elecciones sería un factor importante para determinar si se podía evitar una guerra civil.

El candidato republicano fue Abraham Lincoln (1809-1865). Él y su partido estaban a favor de que los estados del Sur continuaran formando parte del país, pero se oponían a la esclavitud. Aunque dijeron que permitirían la esclavitud en el Sur, no querían que se permitiera en los nuevos territorios del Oeste. Lincoln se pronunció contra la esclavitud y se ganó el reconocimiento nacional por sus argumentos.

El Partido Demócrata estaba dividido sobre el tema de la esclavitud, por lo que se fragmentó en dos partes, Norte y Sur. La participación en las elecciones fue inusualmente alta, más del 80 %, porque la gente tenía fuertes opiniones sobre los temas de la secesión, o la retirada de la Unión, y la esclavitud. El Partido Republicano dominaba el Norte y finalmente ganó las elecciones. Sin embargo, no ganaron en ningún estado donde la esclavitud todavía era legal.

Esta fue la gota que derramó el vaso para los estados del Sur. Ellos creían que la elección de Lincoln supondría el fin de su forma de vida y de su cultura basada en el uso generalizado de la esclavitud. Comprendieron que no habría nada que impidiera que el Norte impusiera sus puntos de vista a toda la nación y que el Sur tendría muy poco poder. El nuevo presidente no fue investido hasta marzo de 1861. Antes de que eso ocurriera, tenían la intención de avanzar en los planes de su **secesión** o de independizarse de la Unión.

DETERMINACIÓN REPUBLICANA

En la campaña electoral, los republicanos hablaron muy duramente sobre la ruptura de la Unión de los estados:

"Denunciamos esas amenazas de desunión [...] como negación de los principios vitales de un Gobierno libre y como una declaración de traición contemplada; es el deber imperativo de un pueblo indignado reprenderla y silenciarla para siempre".

El Sur ignoró esta advertencia y no supo ver lo lejos que llegaría el Norte para mantener la Unión.

Abraham Lincoln será recordado siempre por defender la Unión durante la Guerra de Secesión y por luchar por la abolición de la esclavitud.

LA ÚLTIMA OPORTUNIDAD

Cuando Lincoln se convirtió en presidente, la secesión pareció inevitable; las esperanzas de evitar una guerra civil se desvanecieron. Sin embargo, había tanto en juego que se hizo un esfuerzo de última hora para encontrar una solución pacífica.

Después de las elecciones, Carolina del Sur convocó inmediatamente a una convención. El 20 de diciembre de 1860, se votó a favor de la secesión. Este fue el primer estado que abandonó la Unión. Los estados de Misisipi, Florida,

Este mapa muestra qué estados permitían la esclavitud al principio de la guerra en 1861.

Alabama, Georgia, Luisiana y Texas se separaron en enero y febrero de 1861 debido a la abolición de la esclavitud y su influencia en la política del Norte. Creían que su derecho a tener esclavos estaba escrito en la Constitución.

El 4 de febrero de 1861, estos estados acordaron formar un nuevo gobierno federal, los Estados Confederados de América. Los sureños renunciaron a sus escaños en el Senado y a la Cámara de Representantes. En diciembre, en un último intento por preservar la Unión, algunas personas sugirieron el Compromiso de Crittenden, que proponía prohibir la esclavitud en el Norte garantizándola en el Sur, pero Lincoln y los republicanos lo rechazaron. En febrero de 1861, se celebró una Conferencia de Paz en Washington D. C. que proponía una solución similar al Compromiso de Crittenden, pero fue rechazada por el Congreso. Los republicanos propusieron un compromiso alternativo: se permitiría que la esclavitud continuara donde ya existía, pero en ningún otro lugar del país. Esta vez, el Sur rechazó la propuesta.

El 4 de marzo de 1861, Lincoln prestó juramento como presidente. En su discurso inaugural, clamó por la unidad y dijo que la secesión de cualquier estado no debía ser legal, recordando los "acordes místicos de la memoria", que vincularon al Norte con el Sur.

LA BALANZA SE DESPLAZA

En 1858, el número de estados libres superó por primera vez al número de estados que permitían la esclavitud. El Compromiso de Crittenden sugería prohibir la esclavitud en los territorios y estados al norte de Arkansas y al oeste de Misuri.

CAPÍTULO 4

LOS ESTADOS CONFEDERADOS DE AMÉRICA

Los siete estados que votaron para separarse de la Unión después de la elección del Presidente Lincoln formaron los Estados Confederados de América. Este, dijeron, era un país nuevo e independiente, con su propio gobierno federal.

Los estados tomaron el control de la propiedad federal dentro de sus fronteras. Enviaron delegaciones a Washington D. C., ofreciéndose a pagar por la propiedad federal que habían tomado y sugiriendo un tratado de paz. Lincoln, sin

La bandera confederada era una cruz del Sur. La llevaban las tropas en el campo de batalla.

embargo, no negociaría con ellos. La Confederación no era un gobierno legítimo, dijo. Hacer un tratado con él equivaldría a reconocerlo como un país separado, y eso era algo que no estaba dispuesto a hacer. Una cuarta parte del ejército de Estados Unidos estaba en Texas y cuando su general al mando se rindió a las fuerzas estatales, también fueron entregados. Esto dio a la Confederación una fuerza armada considerable. La tensión aumentaba. Lincoln estaba decidido a mantener los fuertes que quedaban en la Confederación y que estaban ocupados por las fuerzas de la Unión. Estos eran el Fuerte Monroe en Virginia; Fort Pickens, Fort Jefferson y Fort Taylor, en Florida; y Fort Sumter en Carolina del Sur.

No todos los estados esclavistas optaron por abandonar la Unión y unirse a la Confederación. Eran conocidos como los Estados Fronterizos: Delaware, Kentucky, Maryland y Misuri. Virginia Occidental, que se separó de Virginia durante la guerra, era también un estado fronterizo. Tennessee, Oklahoma y Kansas también son considerados como estados fronterizos. Aunque estos estados no se unieron a la Confederación, entre sus poblaciones hubo una mezcla de apoyo para ambos grupos. A veces, las comunidades estaban tan divididas que los miembros de una misma familia luchaban en bandos opuestos. Mantener el control de estos estados era importante para la parte de la Unión cuando finalmente estalló la guerra.

KENTUCKY

Kentucky era neutral al comienzo de la guerra de Secesión, pero después se sumó a la Unión. El presidente Lincoln creía que era muy importante tener el apoyo de ese estado. Se dice que, sobre la guerra, comentó:

"Espero tener a Dios de mi lado, pero debo tener a Kentucky".

LÍDERES FUERTES

A medida que la guerra entre la Unión y los confederados era inevitable y más cercana, los líderes de ambos bandos tenían un trabajo difícil. Eran fuertes líderes, impulsados por su firme creencia de que el derecho estaba de su lado. Había paralelismos sorprendentes entre el principio de sus vidas y su entrada en la política.

El líder de la Confederación, el presidente de los Estados Confederados de América, era Jefferson Davis. Había nacido en Kentucky pero creció en Misisipi, en la pequeña granja de su familia. Pasó algún tiempo como soldado, después como granjero, antes de entrar en la política en 1845. Causó impresión con sus poderosos discursos y su firme creencia en los derechos de los estados. Cuando su propio estado de Misisipi se separó de la Unión, en enero de 1861, renunció a su cargo en el Senado y regresó a casa. Aceptó la oferta de la presidencia, incluso aunque hubiera preferido servir como general en el ejército.

Jefferson Davis estaba apasionadamente a favor de los derechos de los estados.

Por coincidencia, Abraham Lincoln también nació en Kentucky, solo ocho meses después de Jefferson Davis y a 100 millas (161 km) de distancia. Su familia era pobre y él recibía poca educación formal, aunque quería educarse y estudiar mucho. Se mudó a Illinois y trabajó como abogado antes de que, como Davis, ganara un escaño en el Congreso en 1845. Sus argumentos contra la esclavitud le valieron el reconocimiento nacional y se le confió la honestidad política.

Abraham Lincoln volvió a visitar su casa en Springfield, Illinois, después de ser elegido presidente en 1860.

ABE EL HONESTO

Abraham Lincoln recibió el apodo de "Abe el honesto" cuando era joven y trabajaba como empleado de almacén en Illinois. Era muy cuidadoso con dar a los clientes el cambio correcto. Su reputación de honesto continuó cuando era un abogado y aquello lo convirtió en alguien popular y confiable. Como presidente durante la guerra de Secesión, su reputación facilitó que los ciudadanos aceptaran su dirección, porque confiaban en su honestidad.

EL COMIENZO DE LA GUERRA

A Abraham Lincoln le preocupaba que las Fuerzas Armadas de los fuertes federales de la Confederación estuvieran efectivamente en un país extranjero. Su decisión de enviarles nuevos suministros condujo al inicio de las hostilidades armadas. La Guerra de Secesión había comenzado.

El 12 de abril, los barcos de la Unión intentaron reabastecer a las tropas de la Unión en Fort Sumter en Charleston Harbor, Carolina del Sur, y fueron atacados por las fuerzas confederadas durante 34 horas hasta que finalmente los barcos se rindieron. Las fuerzas del cuartel también tuvieron que rendirse. Aunque la batalla de Fort Sumter no tuvo víctimas, marcó el comienzo de la guerra.

El 15 de abril, Lincoln pidió 75 000 voluntarios para unirse al Ejército del Norte. Los estados de Virginia, Arkansas, Carolina del Norte y Tennessee no estaban dispuestos a aportar hombres a este nuevo ejército y se separaron de la Unión. Al final, 3 millones de hombres se unieron a las fuerzas de combate de

Las fuerzas de la Unión abren fuego en Fort Sumter en Charleston, Carolina del Sur, después del ataque de los confederados.

En 1861, en la Primera Batalla de Bull Run, la Unión sufrió una gran derrota.

UNA GUERRA DEVASTADORA

La guerra de Secesión devastó el Sur. Muchas ciudades fueron destruidas, sobre todo por las fuerzas de la Unión bajo el mando del general William T. Sherman (1820-1891), pero a veces por confederados que se retiraban.

un lado u otro. La mayoría de ellos eran voluntarios, con una formación limitada.

Lincoln también anunció el bloqueo de los puertos confederados por parte de la Unión. Esto fue diseñado para evitar que entraran o salieran suministros, lo que debilitó al Sur. Los agricultores no podían sacar sus cosechas del Sur para venderlas, por lo que la economía se vio afectada. Igualmente, los suministros vitales no pudieron entrar para apoyar al pueblo y a las fuerzas confederadas.

Pronto, Richmond, Virginia, fue nombrada nueva capital de la Confederación. Los combates se intensificaron, ya que se libraron muchas batallas durante el resto de 1861 y hasta 1862. Miles de soldados de ambos bandos murieron o fueron heridos. Las batallas casi siempre se libraban en los estados del Sur, tanto en el este como en el oeste. La primera fue la Batalla de Filipos en Virginia Occidental, pero no fue tan grande como la Primera Batalla de Bull Run, librada en Manassass, Virginia, en julio de 1861, donde los soldados de la Unión fueron derrotados.

CAPÍTULO 5

LA REALIDAD DE LA GUERRA

La guerra de Secesión fue una época de profundas divisiones y de grandes dificultades. La nación no solo estaba dividida entre los partidarios de la Unión y de la Confederación, sino que las comunidades locales, e incluso las familias, también estaban divididas. Las batallas fueron terribles y el número de bajas fue muy alto.

No era raro que miembros de la misma familia apoyaran a bandos opuestos en la guerra. Esto creó amargura e infelicidad, ya que las familias se desgarraron. Los padres y sus hijos podían inscribirse para luchar en diferentes bandos. Llevaría mucho tiempo curar estas heridas en las familias y comunidades.

Mientras los hombres iban a la guerra, las mujeres se quedaban atrás, con poca o ninguna fuente de ingresos. De repente, tuvieron que asumir nuevas responsabilidades. Muchas en el Sur trabajaban en las granjas familiares, haciendo trabajos físicos duros a los que no estaban acostumbradas, o manejando las plantaciones y su mano de obra. Otra forma en que las mujeres ayudaban era como enfermeras en los campos de batalla. No había suficientes médicos para tratar a todos los soldados heridos, por lo que su papel era muy importante. Los tratamientos médicos eran básicos en aquellos días, por lo que era importante limpiar bien las heridas para evitar la propagación de infecciones. Miles de mujeres, sobre todo del Norte, asumieron este trabajo. Se ocupaban de los soldados de ambos bandos. Una mujer, Clara Barton (1821-1912), era conocida como "el ángel del campo de batalla". Después de la guerra, fundó la Cruz Roja.

Rose O'Neal Greenhow (1813-1864) vivió en Washington D. C., pero trabajó como espía para los confederados. Murió cuando su barco se hundió en una misión de contrabando de oro a través del bloqueo de la Unión, en 1864.

La guerra en la década de 1860 era muy diferente a como es hoy. Los hombres se peleaban entre sí con espadas y **bayonetas**, y tomaba mucho tiempo recargar las armas de fuego. Los cañones eran un arma importante para ambos bandos. Podían usarse en campos de batalla y para atacar fortificaciones.

ACORAZADOS

La guerra de Secesión vio la primera batalla entre un nuevo tipo de buque de guerra, cubierto con armadura de acero, que reemplazó a los viejos barcos de madera. En 1862, el USS Virginia y el USS Monitor se encontraron en la batalla de los **Acorazados**.

UNA GUERRA DIFERENTE

La guerra de aquellos días era muy diferente a como es actualmente. Los hombres aún cabalgaban en la batalla y luchaban con armas muy diferentes. Estaban mal protegidos contra sus enemigos, y la atención médica disponible para los heridos era muy básica. Sin embargo, de alguna manera, la guerra de Secesión vio el comienzo de nuevos desarrollos en la guerra que han continuado hasta el día de hoy. Por ejemplo, el transporte y las telecomunicaciones desempeñaron un papel importante.

Los soldados de la guerra de Secesión estaban armados con espadas y bayonetas. Sus armas de fuego, como los mosquetes, tardaban mucho en cargarse. Un soldado solo podía disparar tres veces por minuto. Durante el transcurso de la guerra, sin embargo, se hicieron mejoras. Al final de la guerra había armas que podían hacer varios tiros antes de tener que ser recargadas. Los cañones eran un arma importante para ambos bandos. Podían usarse en los campos de batalla contra las tropas de carga y para atacar fortificaciones hasta a unas 3 millas (5 km) de distancia.

Más de 175 000 afroamericanos sirvieron en las fuerzas armadas de la Unión, en el regimiento de las tropas negras. Les pagaban menos que a los soldados blancos. Algunos blancos pensaron que no serían lo suficientemente valientes para luchar, pero se equivocaron. Pelearon con gran coraje y valentía, por ejemplo, cuando dirigieron el ataque de la Unión en Fort Wagner, Carolina del Sur, donde su acción se hizo famosa (ver página 5), se enfrentaban al peligro adicional de ser vendidos como esclavos o asesinados si eran capturados por los confederados.

A diferencia de la guerra moderna, algunos de los "soldados" eran niños. Aunque la Unión estableció un límite de edad de dieciocho años, alrededor de 100 000 niños y jóvenes se alistaron para luchar. Los confederados no tenían límite de edad. En conjunto, alrededor del 20 % de los ejércitos de ambos bandos eran menores de quince años.

TAMBORES

Los tambores eran importantes durante las caóticas batallas para dar órdenes a las tropas. Los encargados solían ser jóvenes. Johnny Clem (1851-1937) tenía 10 años cuando se sumó a la Unión como tamborilero. Sobrevivió a la guerra y permaneció en la Armada hasta 1915.

Los uniformes de la Unión de estos soldados afroamericanos daban poca protección contra las armas del enemigo.

LA PROCLAMACIÓN DE EMANCIPACIÓN

El 1 de enero de 1863, el presidente Lincoln emitió la Proclamación de la Emancipación. Declaró "que todas las personas mantenidas como esclavos" dentro de los estados rebeldes "son y serán, de ahora en adelante, libres". Este único acto cambió el estatus legal de más de 3 millones de esclavos en diez estados del Sur,

Esta fue la primera lectura de la Proclamación de Emancipación al gabinete, en julio de 1862. El presidente Lincoln es el tercero desde la izquierda.

aún en rebelión: Texas, Carolina del Sur, Carolina del Norte, Georgia, Alabama, Misisipi, Arkansas, Virginia, Kentucky y Luisiana. Tan pronto como los esclavos pudieron escapar de un área confederada, se convirtieron en personas libres.

A medida que las fuerzas de la Unión avanzaban hacia los estados confederados, comenzaron a liberar a miles de esclavos. Muchos esclavos no esperaron a que el Ejército de la Unión los alcanzara y huyeron de sus dueños para reclamar su libertad. Alrededor de 4 millones de esclavos fueron finalmente liberados. Algunos se unieron a la Unión para luchar contra sus antiguos propietarios.

La Proclamación no entró en vigor en los estados fronterizos, que no estaban en guerra con la Unión. Antes de que terminara la guerra, algunos de ellos pusieron fin a la esclavitud en sus territorios. La Proclamación era importante porque mostraba claramente que el objetivo de la Unión ya no era solo reunir al país como una nación. También tenían un objetivo claro de abolir la esclavitud.

Aunque la Proclamación liberó a los esclavos, no hizo que la esclavitud fuera ilegal. Por lo tanto, Lincoln se propuso hacer que esto ocurriera. Propuso una enmienda a la Constitución que prohibiría la esclavitud. La Decimotercera Enmienda fue finalmente aprobada a finales de 1865, unos meses después de que Lincoln fuera **asesinado**.

ESTADOS FRONTERIZOS

El presidente Lincoln esperó hasta enero de 1863 para aprobar la Proclamación de Emancipación, ya que necesitaba saber antes, por supuesto, si ganaría la guerra. Para ganar, necesitaba el apoyo de los estados fronterizos y muchos de los ciudadanos que vivían ahí no apoyaban la abolición de la esclavitud. Solo cuando estaba claro que la Unión ganaría la guerra, fue seguro liberar a los esclavos.

EVENTOS CLAVE

Estas son algunas de las fechas clave de la historia de este complejo y largo conflicto.

1850

18 de septiembre El Congreso aprueba la Ley del Esclavo Fugitivo.

1854

30 de mayo Se aprueba la Ley de Kansas-Nebraska.

1860

6 de noviembre Abraham Lincoln es elegido presidente de Estados Unidos.

20 de diciembre Carolina del Sur se separa oficialmente de la Unión.

1861

8-9 de febrero Los Estados Confederados de América se forman con Jefferson Davis al frente.

4 de marzo Comienza la presidencia de Abraham Lincoln.

17 de abril El estado de Virginia vota para dejar la Unión.

1862

8-9 de marzo La batalla de los Acorazados.

1863

1 de enero Abraham Lincoln aprueba la Proclamación de Emancipación.

1-3 de julio La batalla de Gettysburg.

19 de noviembre Abraham Lincoln da el Discurso de Gettysburg.

1864

28 de junio Abraham Lincoln revoca las leyes para los esclavos fugitivos.

1865

31 de enero El Congreso ratifica la Decimotercera Enmienda, aboliendo la esclavitud.

9 de abril Robert E. Lee (1807-1870), un comandante confederado, se rinde al comandante de la Unión, Ulysses S. Grant (1822-1885).

14 de abril Abraham Lincoln es herido y muere al día siguiente.

2 de junio La guerra termina cuando el puerto confederado de Galveston, Texas, se rinde finalmente.

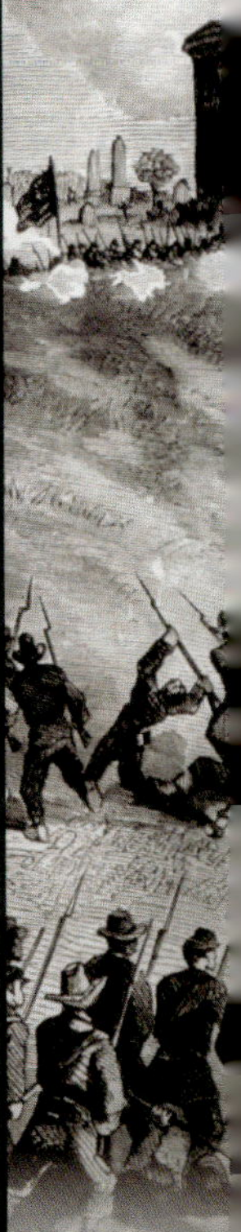

GETTYSBURG

La batalla de Gettysburg (abajo), en Pensilvania, fue un punto de inflexión de la guerra, pues terminó con el intento de la Confederación de invadir el Norte. En la ceremonia de apertura del cementerio para los soldados caídos de la Unión, Lincoln dio el Discurso de Gettysburg. Pidió "un nuevo nacimiento de la libertad" para la nación, porque "el gobierno del pueblo, por el pueblo y para el pueblo no debería desaparecer de la Tierra".

CAPÍTULO 6

FINAL DE LA GUERRA Y SU LEGADO

En 1865, ambas partes estaban agotadas tras cuatro años de guerra. Los confederados estaban perdiendo. El ejército de la Unión había comenzado a marchar a través de Virginia, haciendo retroceder a los confederados.

El general Robert E. Lee del Ejército Confederado se vio obligado a abandonar la capital, Richmond. Él y sus tropas se detuvieron en Appomattox, Virginia. Estaban rodeados y superados en número. El 9 de abril, el general Lee y el general Ulysses S. Grant de la Unión se reunieron para discutir los términos de una rendición. El general Grant ya había discutido esto con el presidente Lincoln. Era importante llegar a un acuerdo que pusiera fin a la guerra de una vez por todas. Lincoln no quería que los soldados confederados se rebelaran de nuevo si las condiciones eran demasiado duras. Se acordó que los soldados entregarían sus armas, pero que podrían quedarse con sus caballos y regresar a casa. No habría prisioneros ni castigos. Era un trato justo, y el general Lee tuvo que aceptarlo. Cuando otras fuerzas confederadas se enteraron de la rendición de Lee, hicieron lo mismo. Sin embargo, el presidente Davis fue capturado y pasó dos años en prisión.

Pocos días después, se produjo una tragedia. El presidente Lincoln fue asesinado en Washington D. C., mientras estaba en el teatro. Su asesino fue John Wilkes Booth (1838-1865), quien fue asesinado durante el intento por capturarlo. Booth había esperado revivir la Confederación y, después de la muerte de Lincoln, los planes del presidente para una reunión rápida y pacífica de la nación se verían seriamente desafiados. El 26 de abril, el vicepresidente Andrew Johnson (1808-1875) prestó juramento como nuevo presidente.

En el Sur, la gente empezó a rehacer sus vidas. Era una tarea enorme, había muchos heridos y propiedades destruidas. Algunas comunidades habían perdido a la mayoría de sus hombres.

La ciudad de Richmond, Virginia, estaba en ruinas en 1865. Estos esclavos habían sido recientemente liberados.

CEMENTERIOS NACIONALES

Antes de la guerra de Secesión no existían cementerios nacionales para enterrar y recordar a los muertos de los conflictos militares. En 1864, el Cementerio Nacional de Arlington, Virginia, fue establecido como el primero. En 1867, el Congreso creó un programa para volver a enterrar a los soldados de la Unión en 74 cementerios nacionales, aunque los soldados confederados no fueron incluidos.

LA RECONSTRUCCIÓN

El periodo comprendido entre 1865, cuando terminó la guerra, y 1877 se conoce como la Era de la Reconstrucción. Este fue el momento en que el Gobierno intentó reconstruir el Sur y crear nuevamente una nación unida. A los políticos les resultaría difícil traer de regreso a los antiguos estados confederados.

Abraham Lincoln había querido evitar el conflicto, tanto como fuera posible, al reconciliarse con los estados del sur, y el nuevo presidente Johnson estuvo de acuerdo con su plan. De hecho, quería ser aún más indulgente, ya que él mismo era del Sur. Desafortunadamente, en el Gobierno hubo otros puntos de vista. Querían que se castigara a los confederados por intentar abandonar la Unión. Se llamaban los Republicanos Radicales. Otra política que querían introducir era la igualdad de derechos a los negros. Esto incluía el derecho a votar en las elecciones. El presidente Johnson y los Republicanos Radicales entraron en conflicto muchas veces en los años siguientes, y el Congreso comenzó a aprobar leyes severas para los estados del Sur.

Poco a poco se fueron formando nuevos gobiernos en el Sur. El primer estado que se reincorporó a la Unión fue Tennessee, en 1866, y el último fue Georgia, en 1870. Todos los estados que eran readmitidos tenían que ratificar, o acordar, tres nuevas enmiendas a la Constitución. Estas fueron: la Decimotercera Enmienda, que proscribió la esclavitud; la Decimocuarta Enmienda, que declaró que los negros y los blancos deben ser tratados por igual ante la ley como ciudadanos de Estados Unidos; y la Decimoquinta Enmienda, que dio a todos el derecho a votar, sin importar su raza.

La Unión gastó dinero para reconstruir el Sur. Se reconstruyeron carreteras y escuelas, y se ayudó a los agricultores a poner sus granjas en funcionamiento. Poco a poco, la economía comenzó a recuperarse. La Reconstrucción terminó bajo la presidencia de Rutherford B. Hayes (1822-1893) en 1877, quien retiró las últimas tropas federales del Sur.

DERECHOS CIVILES

Las nuevas enmiendas a la Constitución ayudaron a promover los **derechos civiles** y la igualdad entre personas de diferentes razas, pero no resolvieron los problemas de injusticia racial. Muchos de los cambios a la igualdad de derechos introducidos durante la Reconstrucción fueron revertidos por los nuevos gobiernos del Sur.

Benjamin Sterling Turner (1825-1894) nació como esclavo, pero recibió una educación. Después de la guerra de Secesión, entró en la política de Alabama y fue elegido para la Cámara de Representantes en 1870.

PROGRESO MODERNO

La guerra de Secesión fue una guerra por la esclavitud. Si no hubiera habido desacuerdos entre el Norte y el Sur sobre esta cuestión, el conflicto no habría comenzado. El Sur no habría sentido que su forma de vida estaba amenazada y no habría intentado abandonar la Unión.

En la década de 1960, muchos afroamericanos se unieron a marchas como esta, protestando contra la segregación educativa e inmobiliaria, pidiendo el final de la discriminación.

Sin embargo, la guerra no solo se centró en la esclavitud. Muchos sureños estaban más interesados en poder preservar su cultura y su forma de vida, libres de la interferencia del Norte. Por lo tanto, el otro gran problema eran los derechos de los estados sobre sus propios asuntos y la posibilidad de abandonar la Unión. Esta fue una discusión sobre la Constitución de Estados Unidos.

El trato desigual de los afroestadounidenses en el Sur no terminó con la guerra. Los nuevos gobiernos aprobaron leyes, llamadas las leyes de Jim Crow, para mantener a los negros y blancos segregados y desiguales en todas las áreas de la vida diaria. En las décadas de 1950 y 1960, el movimiento de derechos civiles se propuso cambiar esta cultura de desigualdad para los afroamericanos. Sus métodos eran pacíficos e incluían marchas y protestas, pero su mensaje era poderoso. Muchas personas, como su líder Martin Luther King, Jr., arriesgaron sus vidas por la causa. En 1964, la Ley de Derechos Civiles ilegalizó por fin la discriminación basada en la raza, color, género, origen nacional o religión de las personas. Desde entonces, se ha avanzado más hacia la igualdad.

La guerra de Secesión tuvo un impacto duradero en el país y pasó mucho tiempo hasta que las heridas sanaron, más aún hasta que toda la nación asumió la igualdad para todos. Hoy en día, los afroamericanos tienen los mismos derechos y son libres de ocupar los cargos más altos del país.

MEMORIAL DAY

La guerra de Secesión se conmemora cada año en el Memorial Day, cuando se recuerdan los sacrificios de ambos bandos.

GLOSARIO

abolicionistas: personas a favor de abolir la esclavitud e ilegalizarla.

acorazado: barco cubierto de hierro o acero para protegerlo de los disparos.

agricultura: ciencia o práctica de hacer crecer cultivos y de criar animales.

asesinado: que muere a manos de otra persona.

bayoneta: rifle que tiene cuchillos afilados atados en la parte frontal para su uso en combate.

compromiso: forma de evitar el conflicto cediendo en algo hasta llegar a un acuerdo.

Constitución de Estados Unidos: documento adoptado en 1788 que explica los diferentes elementos del Gobierno de Estados Unidos y los derechos básicos de los ciudadanos.

derechos civiles: derechos de las personas a la libertad y a la igualdad.

discriminación: trato diferente a las personas por su raza, género o religión.

economía: riqueza y recursos de un país o región.

emancipación: libertad.

esclavos: personas que son vendidas a otras personas para trabajar y que pierden su libertad.

guerra civil: guerra entre dos bandos de un mismo país.

inmigrantes: personas que se mudan a otro país para vivir y trabajar.

plantaciones: granjas o haciendas, normalmente en regiones cálidas, donde se cultiva por ejemplo algodón y azúcar.

recursos: suministros de algo necesario o valioso que puede utilizarse en caso necesario.

secesión: separación de un grupo o un país.

traición: conspiración contra un país.

víctimas: personas heridas o asesinadas en un accidente o en una guerra.

PARA MÁS INFORMACIÓN

LIBROS

Bearce, Stephanie. *The Civil War: Spies, Secret Missions, and Hidden Facts from the Civil War* (Top Secret Files). Waco, TX: Prufrock Press, 2014.

Civil War (DK Eyewitness). New York, NY: Dorling Kindersley, 2015.

Thompson, Ben. *The American Civil War* (Guts & Glory). New York, NY: Little, Brown Books for Young Readers, 2015.

SITIOS DE INTERNET

Echa un vistazo a la gran cantidad de artículos, mapas y vídeos de la guerra de Secesión en:

www.civilwar.org/education/history

Haz clic en los vínculos para información sobre eventos, batallas y personas importantes de la guerra de Secesión en:

www.ducksters.com/history/civil_war.php

Visita este sitio de Internet para descubrir un poco de la historia de los afroamericanos en Estados Unidos:

www.history.com/topics/black-history

Nota del editor a los educadores y padres: nuestro personal especializado ha revisado cuidadosamente estos sitios de Internet para asegurarse de que son apropiados para los estudiantes. Sin embargo, muchos de ellos cambian con frecuencia, por lo que no podemos garantizar que contenidos que se suban a esas páginas posteriormente cumplan con nuestros estándares de calidad y valor educativo. Les recomendamos que hagan un seguimiento a los estudiantes cuando accedan a Internet.

ÍNDICE